A VIDA ESCONDIDA NO PÃO

Nos Milagres, nas Escrituras, na Fé Cristã.

Décio Martins de Medeiros
São Paulo – Brasil

A Vida escondida no pão

Informações bibliográficas:
Autores: Décio Martins de Medeiros.
Título: A Vida escondida no Pão.
Subtítulo: Nos Milagres, nas Escrituras, na Fé Cristã.
Local, Ano: São Paulo-Brasil, 2023.
Páginas: 68 páginas tamanho 6"x9".
Assuntos: 1.Cristianismo

Sumário

A Vida escondida no pão

A Vida escondida no Pão

Uma música religiosa nos lembra:

"E quando amanhecer o dia eterno, a plena visão,ressurgiremos por crer, nesta <u>Vida escondida no Pão</u>".[1]

A Vida 'escondida' no Pão é Cristo vivo, que se incorpora na hóstia consagrada, então podemos dizer que 'ressurgiremos por crer nesta Vida que é este Pão'.

Durante o banquete eucarístico os cristãos ao receber a hóstia consagrada estão se alimentando do pão do céu, verdadeiro alimento para seu corpo e alma.

Cristo disse:

-Eu sou o pão da Vida. [2]

-Eu sou o pão vivo que desceu do Céu.[3]

-Isto é o meu corpo que é dado.[4]

-A minha carne é verdadeira comida.[5]

Na quinta-feira dia 31 de março de 33 [6], na noite em que ia ser entregue, o Divino Filho tomou o pão em suas mãos,

---

[1] https://musicasparamissa.com.br/musica/antes-da-morte-e-ressurreicao-de-jesus/
[2] João 6,48
[3] João 6,51
[4] Lucas 22,19
[5] João 6,55

elevou os olhos ao Divino Pai, deu graças e o partiu e deu a seus discípulos, dizendo: ***"Tomai, todos, e comei: isto é o meu corpo, que será entregue por vós"***. Do mesmo modo, ao fim da ceia, ele tomou o cálice em suas mãos, deu graças novamente e o deu a seus discípulos, dizendo: ***"Tomai, todos, e bebei: este é o cálice do meu sangue, o sangue da nova e eterna aliança, que será derramado por vós e por todos, para a remissão dos pecados"***

O CIC (catecismo da igreja católica) ensina que na hóstia consagrada estão contidos verdadeiramente, realmente e substancialmente o Corpo e o Sangue juntamente com a alma e a divindade de Cristo. [7]

Na consagração da hóstia é Cristo quem faz a conversão do pão e do vinho no Corpo e no Sangue de Cristo que então se tornam presentes na hóstia consagrada. [8]

Pela consagração do pão e do vinho opera-se a mudança de toda a substância do pão na substância do Corpo de Cristo e de toda a substância do vinho na substância do Sangue de Cristo. [9]

Cristo está presente por inteiro tanto na hóstia quanto no vinho consagrados. A fração do pão não divide o Cristo,

---

[6] A data da Ressurreição, por Décio Martins de Medeiros, publicado por Agbook, Amazon e Bibliomundi.
[7] CIC 1374

[8] CIC 1375
[9] CIC 1376

Ele permanece inteiro em cada pedaço da hóstia consagrada. [10]

A presença do verdadeiro Corpo de Cristo e do verdadeiro Sangue de Cristo neste sacramento não se pode descobrir pelos sentidos, diz São Tomás, mas só com fé, baseada na autoridade de Deus. Por isso, comentando o texto de Lucas 22,19 ('Isto é o meu Corpo que será entregue por vós'), São Cirilo declara: "Não perguntes se é ou não verdade; aceita com fé as palavras do Senhor, porque ele, que é a verdade, não mente". [11]

---

[10] CIC 1377

[11] CIC 1381

O maior dos milagres

O papa Paulo VI em sua encíclica Mysterium Fidei [12] nos lembra que a presença verdadeira de Cristo na hóstia consagrada é o "maior dos milagres".

Ele nos ensina que "Cristo se torna presente pela conversão de toda a substância do pão no seu Corpo e de toda a substância do vinho no seu Sangue"

Continua, afirmando que, depois da conversão, "as espécies do pão e do vinho tomam nova significação e nova finalidade, deixando de pertencer a um pão usual e a uma bebida usual, para se tornarem sinal de coisa sagrada e sinal de alimento espiritual"

"... convertida a substância ou natureza do pão e do vinho, no Corpo e no Sangue de Cristo, ...debaixo destas [espécies], está Cristo completo, presente na sua realidade física, mesmo corporalmente"

Berengário, o primeiro que se atreveu a negar a conversão eucarística; retratou-se prestando um um juramento nestes termos: "Creio de coração e confesso de palavra que o pão e o vinho, colocados sobre o altar, se convertem substancialmente, pelo mistério da oração sagrada e das

---

[12]https://www.vatican.va/content/paul-vi/pt/encyclicals/documents/hf_p-vi_enc_03091965_mysterium.html

palavras do nosso Redentor, na verdadeira, própria e vivificante Carne e no Sangue de nosso Senhor Jesus Cristo; e que, depois de consagrados, são o verdadeiro Corpo de Cristo, que nascido da Virgem e oferecido pela salvação do mundo, esteve suspenso na Cruz e agora está sentado à direita do Pai; como também o verdadeiro Sangue de Cristo, que saiu do seu peito. Não está Cristo somente como figura e virtude do Sacramento, mas também na propriedade da natureza e na realidade da substância"

A comunidade do Corpo de Cristo

Joseph Ratzinger nos ensina que: [13]

O próprio Deus está presente na hóstia consagrada.

No passado, a Eucaristia era entendida como um sacramento para a adoração: Deus está presente, portanto, é preciso adorá-lo.

Deus pode ser adorado, mas é necessário também recebê-lo!

O real significado deste sacramento pode-se muito bem reconhecer no sinal que Cristo escolheu. Nele sua presença é escondida atrás da figura do pão, do alimento.

Este pão santo foi feito para ser comido. O que interessa são os tabernáculos vivos, ter as pessoas cheias do Divino Espírito.

Todos comem do corpo de Cristo, porque todos estão unidos espiritualmente na mesma realidade fundamental que é Cristo.

---

[13] Ratzinger, J. L'insegnamento del Concilio. Vol. 7/1, Vaticano: Libreria Editrice Vaticana, 2016.

Santo Agostinho pensou ter ouvido Cristo dizer: "Eu sou o pão dos fortes. Toma e come. Não serás tu, no entanto, a transformar-me em ti, como acontece com o alimento comum, mas eu transformar-te-ei em mim".

Os que participam da comunhão tornam-se entre si uma coisa só, por meio da uniformização a Cristo. Ocorre a fusão dos indivíduos entre si por meio de Cristo. A comunhão é o sacramento da fraternidade cristã, da comunidade única daqueles que fazem parte no Corpo de Cristo e, por meio dele, do Divino Espírito de Cristo.

A Igreja não é um partido e não é um sistema político, mas é a comunidade no Corpo de Cristo.

Comprovações da fé cristã

Milagres são comprovações da fé cristã.

As características de um milagre realizado pela Divindade são: perfeito, definitivo, instantâneo, cria do nada ou aniquila uma substância, preciso, independe da fé de quem recebe o milagre, é estudado e validado pela ciência.[14]

Este livro é uma coleção de milagres que aconteceram com a hóstia consagrada ao longo da História do Cristianismo.

Estes milagres comprovam a fé cristã em que a hóstia consagrada é o Cristo vivo materializado.

---

[14] Os Milagres e a Ciência, Padre Oscar G. Quevedo.

Milagres eucarísticos em ordem cronologica

0400 Scete, Egito

Um monge que tinha dúvidas sobre a presença de Cristo na hóstia viu o menino Jesus na hóstia consagrada. Outros monges testemunharam o evento.

0595 Roma, Itália

O Papa São Gregório Magno estava distribuindo a Comunhão e viu entre os fiéis uma mulher que estava rindo. O Papa pediu para ela explicar por que estava rindo. Ela disse que não podia acreditar que o pão poderia se tornar Corpo e Sangue de Cristo durante a consagração. São Gregório negou-lhe a Comunhão e rogou a Deus que iluminasse a mulher. Após terminar de orar, ele viu o pão tornar-se Carne e sangue. A mulher se arrependeu e se ajoelhou.

0750 Lanciano, Itália

Um dos monges de São Basílio, que vivia no mosteiro de São Legonziano e Domiciano, tinha dúvida que na hóstia estaria Cristo materializado, então durante uma missa, ele viu, no momento da consagração, a hóstia converter-se em carne viva e o vinho em sangue vivo. O Dr. Odoardo Linoli e o professor Ruggero Bertelli, publicaram um parecer em "Quaderni Sclavo di diagnostica clinica e di laboratório", 1971, fasc. 3, Grafiche Meini, Siena, onde afirmam que: a carne é carne verdadeira, do tecido muscular do coração. O sangue é sangue humano do tipo AB. O tipo sanguíneo AB é o tipo de sangue encontrado no Santo Sudário.

1000 Trani, Itália

Uma mulher foi comungar, e tendo a hóstia em sua boca, tirou-a e colocou-a num lenço. Quando chegou em sua casa colocou a hóstia dentro de uma panela para assá-la. Ao entrar em contato com o óleo, a hóstia se transformou em carne e espirrava tanto sangue que se espalhou por toda a casa. A mulher começou a gritar.

1010 Ivorra, Espanha

O padre tinha dúvida sobre a presença real de Cristo no pão e no vinho consagrados. Eis que, quando ele celebrava a Missa, o vinho se converteu em sangue.

1050 Serra Sant'Abbondio, Itália

No Mosteiro ou Ermida de Santa Cruz de Fonte Avellana, em Serra Sant'Abbondio, Província de Pesaro e Urbino, Itália, São Pedro Damião, foi testemunha direta do evento em que uma mulher queria levar escondida uma hóstia para casa, mas um padre percebeu e correu atrás dela. Ao abrir o lenço onde ela havia escondido a hóstia sagrada, viram com surpresa que metade da hóstia tinha se transformado em carne e a outra metade permaneceu na forma original da hóstia.

1125 Bettbrunn, Alemanha

Um camponês roubou uma hóstia consagrada e levou para sua casa.

Quando deixou a hóstia cair na terra, abaixou para pegá-la mas não conseguiu.

Tentou várias vezes mas não conseguiu.

Chamou o pároco de Tholling mas este também não conseguiu pegar a hóstia.

Chamaram o Bispo de Regensburg, que só conseguiu pegar a hóstia depois que prometeu construir uma capela naquele lugar.

1171 Ferrara, Itália

O padre estava celebrando a missa da Páscoa da Ressurreição, quando ao fracionar a hóstia consagrada saiu dela uma grande quantidade de sangue, espirrando gotas na abóbada em cima do altar.

Alguns dos presentes afirmaram terem visto a hóstia assumir cor de sangue e identificaram nela a figura de um menino.

1194 Augsburg, Alemanha

Uma senhora, após participar da comunhão, colocou uma parte da hóstia em um lenço. Cinco anos depois a hóstia estava com aparência e características de carne.

A hóstia foi analisada por especialistas que concluiram que era carne e sangue humanos.

1216 Benningen, Alemanha

Dois moleiros estavam brigados há anos. Um deles, depois de ter comungado roubou uma hóstia consagrada e escondeu-a entre as pedras do moinho do vizinho

com a intenção de caluniá-lo. Durante a festa de São Gregório, a hóstia começou a sangrar e todo o vilarejo tomou conhecimento do evento.

O moleiro que roubou a hóstia se arrependeu e confessou.

1222 Meerssen, Holanda

Durante a celebração da Missa, no ato da consagração, ao partir a hóstia, ela começou a espirrar sangue e o corporal do sacerdote ficou todo manchado.

1227 Rimini, Itália

Este milagre foi realizado por Santo Antônio de Pádua em 1227 na cidade de Rimini, depois que ele foi desafiado a demonstrar a presença de Jesus na Eucaristia.

O santo com a Hóstia consagrada nas suas mãos ordenou a uma mula que não comia a três dias:

"Em virtude e em nome de teu Criador, a quem eu, por mais indigno que seja, tenho em minhas mãos, digo-te e ordeno-te: vem imediatamente e rende homenagem ao Senhor com o devido respeito, para que os malfeitores e os hereges possam entender que todas as

criaturas devem se curvar diante de seu Criador, a quem os sacerdotes seguram em suas mãos sobre o altar".

Imediatamente o animal, desconsiderando a comida que lhe oferecia seu dono, aproximou-se obedientemente do santo: dobrou as patas dianteiras diante da Hóstia e ali permaneceu em humilde adoração.

1228 Alatri, Itália

Uma jovem, influenciada por um mau conselho, depois de ter recebido do sacerdote a hóstia consagrada, reteve-a na boca até achar o momento propício para escondê-la num pedaço de pano. Três dias depois, o Corpo do Senhor, que tinha sido recebido em forma de pão, foi encontrado em forma de carne e até hoje qualquer pessoa pode ver com seus próprios olhos.

1230 Florença, Itália

Em 30 de dezembro de 1230. O padre Uguccione, depois de celebrar a missa, não percebeu que ficaram gotas de vinho consagrado no cálice. No dia seguinte, ao pegar o cálice, ele encontrou várias gotas de sangue vivo coagulado medindo cerca de um centímetro quadrado.

1231 Caravaca de la Cruz, Espanha

O padre, Dom Gínes Pérez Chirinos de Cuenca, viajava entre os Mouros do Reino de Múrcia com o objetivo de pregar o Evangelho, mas foi capturado, e levado à presença do rei mouro Zeyt-Abu-Zeyt.

O rei lhe fez perguntas sobre a missa e, fascinado pela explicação do padre, ordenou que celebrasse uma missa.

O padre começou a celebrar a Missa, mas, de repente, percebeu a ausência da Cruz.

O rei perguntou por que ele estava perturbado e o padre lhe disse que precisava de uma cruz. O rei, porém, imediatamente respondeu: "Não seria isso?" Na verdade, naquele momento dois anjos estavam colocando uma cruz sobre o altar.

No momento da consagração, o rei muçulmano viu um lindo bebê no lugar da hóstia consagrada.

O rei e sua família se converteram ao cristianismo e a partir daquele dia, 3 de março de 1231, o local passou a ser chamado Caravaca de la Cruz.

1239 Daroca, Espanha

O rei sarraceno Zaen Moro decidiu tomar a cidade de Valencia. Como a força militar espanhola era menor, o rei católico Dom Jaime encorajou os soldados e oficiais, a receberem a Sagrada Eucaristia, para que fossem fortalecidos com o Corpo de Cristo.

Durante a missa, ao fim da Consagração, os Sarracenos fizeram um ataque que deixou confuso o padre que rezava a missa. Ele colocou as seis hóstias consagradas entre dois corporais e os escondeu debaixo de uma pedra.

Num intervalo da batalha, os comandantes solicitaram ao padre Mateo Martínez que lhes ministrasse a Sagrada Comunhão. O padre procurou os corporais e abriu. As seis hóstias consagradas tinham desaparecido e no lugar estavam seis manchas de sangue.

1240 Santa Clara de Assis, Itália

Conforme descrito no livro sobre a Vida de Santa Clara: [15]

Soldados sarracenos invadiram o convento de São Damião em Assis, Itália.

Santa Clara, embora doente, prostou-se diante da hóstia consagrada e pediu que protege-se as freiras.

Então se ouviu uma voz de criança: "Eu sempre te protegerei!"

Santa Clara pediu: "Meu Senhor, se é seu desejo, proteja também esta cidade que é sustentada por seu amor"

Cristo respondeu: "Ela terá que passar por provações, mas será defendida por Minha proteção"

Os sarracenos fugiram"

15

https://www.google.com.br/books/edition/Vita_breve_di_s_Chiara_di_Asisi/MppFAAAAIAAJ

1247 Santarém, Portugal

Era o ano de 1226 (ou de 1247, segundo alguns) quando uma mulher foi à Igreja de Santo Estêvão, e, depois de receber a hóstia, a tirou da boca, e embrulhou no véu. Saiu rapidamente da igreja, mas, sem que ela notasse, do véu começou a escorrer sangue.

Correu para sua casa, e guardou a hóstia em uma arca.

À noite saíam raios de luz da arca.

A hóstia foi levada para a Igreja de Santo Estêvão, onde ficou conservada.

1251 São João das Abadessas, Espanha

Neste mosteiro, quando a estátua de Jesus foi esculpida o artesão fez uma depressão na testa de Jesus, com o intuito de colocar uma hóstia nesta depressão.

Em 1251 alguém colocou uma hóstia consagrada na depressão feita na testa da estátia.

Em 1426, observaram que na testa da estátua tinha uma pequena placa de prata. Ao tirar a placa viram que envolta em um pano de linho estava a hóstia consagrada em 1251, totalmente preservada.

1254 Douai, França

O padre Thomas de Cantimpré foi testemunha ocular deste milagre que ocorreu no dia de Páscoa de 1254, na igreja de Santo Amado, em Douai.

Um sacerdote que distribuía a Comunhão deixou cair uma hóstia consagrada.

Ao inclinar-se para recolhê-la, viu que esta elevou-se sozinha.

Pouco depois, em seu lugar apareceu um jovem que todos os fiéis puderam contemplar.

1263 Bolsena, Itália

Em 1263 o padre Pedro, de Praga, parou em Bolsena durante uma peregrinação a Roma. Ele achava difícil aceitar que Cristo estivesse realmente presente na hostia consagrada.

Quando fazia a consagração durante a missa na igreja de Santa Cristina, o padre viu que repentinamente o sangue começou a escorrer da hóstia consagrada.

1273 Lancianovecchia, Itália

Uma mulher querendo reconquistar o amor de seu marido recorreu a uma feiticeira que a aconselhou a cozinhar uma hóstia consagrada sobre o fogo. A mulher pegou a hóstia durante a missa e a escondeu. Chegando em casa colocou a hóstia no fogo, mas de repente, a hóstia se transformava em carne e começava a pingar sangue. A mulher, apavorada escondeu tudo sob uma pilha de esterco do estábulo e voltou para casa.

A mulher não conseguiu manter o segredo e, depois de uma espera de 7 anos, confessou tudo ao prior do convento de Lanciano, que foi até o estábulo, e viu que, a hóstia enrolada em uma toalha estava preservada.

1280 Kranenburg, Alemanha

Um pastor de ovelhas da cidade de Kranenburg depois de receber a hóstia consagrada, por não conseguir engoli-la a jogou contra uma árvore.

Atormentado pelo remorso ele decidiu contar ao pároco.

O sacerdote correu ao local para tentar recuperar a hóstia mas não a encontrou.

Depois de alguns anos o pastor decidiu cortar a árvore. Ao fazer isso caiu da árvore um crucifixo perfeitamente esculpido.

1290 Glotowo, Polonia

Durante uma invasão lituana, um sacerdote escondeu no campo, uma caixinha de prata que continha uma hóstia consagrada.

Depois de muitos anos um camponês, ao ver que daquele lugar no campo irradiava uma luz muito forte, cavou e encontrou a caixinha de prata com a hóstia intacta.

1290 Paris, França

Um homem que não acreditava na presença de Cristo na hóstia consagrada cortou a hóstia com uma faca, que começou a sangrar. Ele a jogou em água fervendo, mas a hóstia saiu da água e ficou pairando no ar bem na frente dele. Ele pegou a hóstia e entregou para uma mulher que a levou a um padre.

1294 Gruaro, Itália

Uma empregada foi ao lavadouro público de Versiola para lavar o toalhas do altar da Igreja de São Giusto em Gruaro.

De repente ela notou que uma hóstia consagrada tinha sido esquecida entre as dobras da toalha e que desta hóstia saia sangue.

1297 Gerona, Espanha

Na Igreja do antigo mosteiro dos Beneditinos de São Daniel, durante uma missa, os monges notaram que ao mostrar a hóstia consagrada o celebrante mostrava perplexidade. Uma religiosa que assistia missa, vê o celebrante tirar alguma coisa da boca.

Ao terminar a missa, a monja foi até o altar para ver o que o celebrante tinha tirado da boca e descobriu, com surpresa, que era um pedaço de carne escorrendo sangue.

O celebrante então confessou ter duvidado da presença de Cristo na hóstia consagrada e que assim que colocou a hóstia na boca, ela aumentou de volume e consistência e, por isso, não conseguiu engolir.

1300 Breda-Niervaart, Holanda

Um camponês estava cavando em um terreno na vizinhança da aldeia de Niervaart.

De repente, encontrou uma hóstia intacta.

Depois de dez anos, constatou-se que a hóstia se mantinha intacta.

1300 O'Cebreiro, Espanha

Para assistir a missa, um camponês saiu da sua aldeia em Barxamaior, enfrentou frio e chuva, subiu a montanha, caminhou cerca de 2,5 km até a igreja de Santa María La Real no Cebreiro..

O padre daquela paróquia, surpreso ao ver que havia um fiel, pensou:: *"Esse pobre homem saiu de sua casa, enfrentou tempestade e frio, apenas para ver um pouco de pão e vinho! Não vale a pena!"*.

Deus, em resposta à falta de fé do sacerdote, transformou a hóstia e o vinho em carne e sangue.

1310 Fiecht, Austria

Um sacerdote que celebrava a missa depois de ter consagrado o vinho, duvidou que sob essa espécie estivesse verdadeiramente presente o sangue de Cristo.

Imediatament o vinho se transformou em sangue e borbulhou dentro do cálice.

O sacerdote não conseguiu beber todo o sangue, e colocou o que sobrou em um recipiente.

1317 Herkenrode-Hasselt, Belgica

O pároco da igreja ao chegar à casa de um doente, colocou na mesa de entrada, sua bolsa com o cálice com a hóstia consagrada e foi confessar o enfermo.

Um dos familiares abriu a bolsa, tirou o cálice, levantou a cobertura e enfiou sua mão. Quando percebeu que no interior tinha uma hóstia ele fechou a bolsa rapidamente.

O padre, quando saiu do quarto do doente, pegou a bolsa e quando abriu viu que a hóstia consagrada estava manchada de sangue.

1330 Cascia, Itália

Um padre foi levar a hóstia consagrada a um doente. Indevidamente ele coloca a hóstia entre as páginas do seu breviário.

Ao chegar na casa do doente, depois de tê-lo confessado, abriu o livro para pegar a hóstia e, para sua surpresa viu que a hóstia estava manchada com sangue vivo.

1330 Walldürn, Alemanha

O sacerdote estava celebrando a missa quando, por descuido, entornou o cálice com o vinho consagrado, que imediatamente se transformou em sangue e formou sobre o corporal uma imagem de Cristo crucificado, de cor vermelha, contornado por onze cabeças de Cristo coroado de espinhos,todas iguais.

1331 Blanot, França

No dia de Páscoa, o vigário de Blanot, celebrava a primeira missa do dia,

Quando foi dar a hóstia à Jacquette, viúva de Regnaut d'Effour, um fragmento caiu na toalhinha.

O coroinha viu a partícula caída e avisou ao padre.

O celebrante imediatamente foi recolher o pedacinho, mas de repente o pedacinho, do tamanho de um quinto da hóstia, desapareceu e em seu lugar surgiu uma gota de sangue.

1345 Amsterdam, Holanda

Na noite de 15 de março, o padre foi à casa dee um doente conceder a unção dos enfermos e a comunhão. Após sua saída, o homem vomitou nma vasilha, inclusive a hóstia consagrada. Sem qualquer verificação, jogaram o conteúdo da vasilha ao fogo.

Ao retornar ao quarto do doente,viram com surpresa, o Pão Eucarístico, em perfeitas condições, flutuando sobre o fogo. Estenderam a mão e, sem queimar-se, tiraram do fogo a hostia e colocaram numa caixa.

1345 Cracóvia, Polonia

Ladrões entraram numa igreja próxima a Cracóvia e roubaram o recipiente dourado que que guardava algumas hóstias consagradas.

Logo perceberam que o recipiente não era de ouro e jogaram num local cheio de lixo e lodo. Imediatamente surge uma forte luz que se saia do lodo.

A luz permanecia acesa de noite e de dia por vários dias.

Depois de três dias de jejum e oração toda a aldeia se dirigiu em procissão para o local iluminado.

Vasculharam por toda a parte até que um homem recuperou o recipiente com as hóstias, e elas estavam intactas e emanavam luz.

1348 Alboraya-Almacéra, Espanha
Um sacerdote ia visitar doentes para levar-lhes a comunhão. Ao atravessar um riacho ele caiu na água com o recipiente cheio de hóstias consagradas.

As hóstias foram levadas pela corrente do rio.

De repente uns pescadores o chamam para dizer que alguns peixes tinham em suas bocas uns discos que pareciam hóstias.

As hóstias foram recolhidas intactas.

1356 Macerata, Itália
No dia 25 de abril um sacerdote estava celebrando a missa.

Durante a fração do pão, antes da comunhão, o sacerdote começou a duvidar da presença de Cristo na hóstia consagrada. No momento em que ele partiu a hóstia, começou a jorrar sangue.

1370 Bruxelas, Belgica

No Outono de 1369, um mercador de Enghien, contrário à religião católica, mandou roubar hóstias consagradas.

O mercador foi assassinado misteriosamente, poucos dias depois.

A viúva ao pensar num castigo do Céu entregou as hóstias a amigos do marido, também contrários à religião.

Na sexta-feira santa de 1370 realizaram uma cerimônia secreta quando então desfecharam golpes de faca nas hóstias.

Delas saiu sangue vivo.

1370 Cimballa, Espanha

O pároco tinha dúvidas sobre a presença de Cristo na hóstia consagrada.

Durante uma missa que ele celebrava a hóstia se transformou em carne e começou a jorrar sangue.

1374 Middleburg-Lovaina, Bélgica

Uma senhora convidou todos seus empregados a participar da missa na igreja de São Pedro e um deles, um rapaz que levava uma vida devassa, não quis recusar o convite para não fazer desfeita.

Quando era sua vez de comungar, ele se aproximou do altar e, no instante em que recebeu a hóstia consagrada, ela se transformou em carne com sangue vivo.

1380 Boxtel-Hoogstraten, Holanda

Um sacerdote celebrava a missa diante do altar dos Reis Magos na igreja de São Pedro.

Sem querer ele esbarrou no cálice derramando o vinho branco consagrado. O vinho branco se transformou em sangue vivo.

1383 Wilsnack, Alemanha

Durante um incêndio na igreja paroquial foram encontradas três hóstias consagradas perfeitamente intactas e sangrando.

1384 Seefeld, Austria

Um cavaleiro, durante a missa de quinta-feira santa, exige que o padre o comungasse com a magna hóstia. No momento em que ia receber a comunhão, o piso começou a tremer. O padre leva a hóstia para o altar, e dela começou a sair sangue.

1392 Moncada, Espanha

Um sacerdote vivia preocupado se sua ordenação sacerdotal não fosse valida, pois tinha sido consagrado por um bispo nomeado pelo anti papa Clemente VII. Cada vez que celebrava a missa temia estar enganando os fiéis por distribuir hóstias não consagradas e temia que não fossem válidos os demais sacramentos administrados por ele. Este sacerdote pedia ao Senhor que lhe desse algum sinal de confirmação. Recebeu a resposta no dia de Natal de 1392.

Naquele dia participou da missa uma senhora com sua filha de cinco anos. Ao final da missa, a menina disse que queria ficar mais um pouco para brincar com aquele menino maravilhoso que o padre tinha nos braços durante a consagração.

No dia 26, a senhora assistiu novamente a missa e quando o sacerdote elevou a hóstia, a a menina viu novamente o menino entre as mãos do sacerdote.

O sacerdote quis testar a menina mais uma vez, e pediu para ela assistir novamente a missa no dia seguinte. O padre pegou então duas hóstias, uma consagrada e a outra não. Ele pegou a hóstia consagrada e perguntou à menina o que ela via em suas mãos. A menina respondeu: 'Vejo o Menino Jesus'. Depois ele elevou a hóstia não consagrada e fez a mesma pergunta.

A menina respondeu : 'Vejo um disco branco'.

1399 Poznan, Polonia
Bandidos roubaram três hóstias consagradas e as furaram com um estilete.

As hóstias começaram a sangrar.

Os bandidos então as jogaram num pântano.

As hóstias ficaram flutuando no ar e irradiando fachos de luz.

1400 Boxmeer, Holanda

O vinho transformou-se em sangue e saíu do cálice, espalhando-se sobre o corporal.

Assim que o padre pediu perdão a Deus por ter duvidado da presença divina no pão e no vinho, o sangue parou de transbordar do cálice. O sangue sobre o corporal coagulou e formou uma massa que até hoje não sofreu nenhuma alteração do tempo.

1405 Bois-Seigneur-Isaac, Belgica

O pároco ouviu uma voz que lhe pedia para celebrar a missa da Santa Cruz na capela de Isaac.

O sacerdote começou a celebração da missa e quando abriu o corporal, viu que no meio tinha um pedaço da hóstia consagrada da missa da terça-feira passada.

Tentou pegá-la mas ela não desgrudava do corporal e começou a sangrar.

Durante quatro dias, até à terça-feira de Pentecostes, o sangue continuou a escorrer.

Depois de ter manchado o corporal quase por inteiro, começou a coagular lentamente e ficou seco.

1411 Ludbreg, Croacia

Um sacerdote estava celebrando a missa e durante a consagração do vinho, o padre pôs em dúvida a veracidade da presença de Cristo e, imediatamente, o vinho do cálice se transformou em sangue.

1411 Weiten-Raxendorf, Austria

Um ladrão conseguiu roubar uma hóstia consagrada, mas durante a fuga a hóstia caiu na terra, e foi encontrada, dias depois, por uma senhora. A hóstia estava resplandecente e dividida em duas partes, mas unidas entre si por filamentos de carne ensanguentada.

1412 Bagno di Romagna, Itália

Enquanto celebrava a missa o padre duvidou da presença de Cristo na hóstia consagrada. Mal tinha acabado de pronunciar sobre o vinho as palavras da consagração, ele se transformou em sangue vivo e começou a transbordar do cálice.

1412 Herentals, Belgica

Oito dias depois de roubadas cinco hóstias consagradas foram encontradas perfeitamente intactas.

Estavam resplandecentes e dispostas em forma de cruz.

1417 Erding, Alemanha

Na quinta-feira santa um camponês roubou uma hóstia consagrada mas no caminho ela fugiu de suas mãos e se libertou no ar.

Apenas com a ajuda do bispo é que ela foi recuperada.

1420 Guadalupe, Espanha

No Outono, durante a missa, depois de proferir as palavras da consagração, o padre vê descer uma nuvem que pousou sobre o altar.

O padre pediu a Cristo que dissipasse suas dúvidas. A nuvem começou a sumir e ele viu a hóstia suspensa sobre o cálice e da qual caiam gotas de sangue que encheram o cálice e transbordaram, caindo sobre o corporal e sobre a pala.

1421 Bergen, Holanda

O pároco vivia em dúvida se, na hóstia consagrada, estaria presente o corpo e o sangue de Cristo.

Um dia, depois de celebrar a missa, pegou as hóstias restantes e as lançou no rio.

Depois de alguns meses as hóstias foram encontradas flutuando na água e impregnadas de sangue.

1427 Zaragoza, Espanha

Uma mulher casada consultou um feiticeiro para lhe pedir um remédio a fim de que seu marido não a tratasse com dureza.

O feiticeiro diise que ela devia lhe entregar uma hóstia consagrada.

A mulher ao receber a comunhão tirou a hóstia de sua boca, escondeu-a numa caixa e logo levou a feiticeiro.

Quando abriram a caixa, se surpreenderam ao ver que no lugar da hóstia estava deitada uma pequena criança rodeada de luz.

O feiticeiro falou para a mulher queimar a caixa e lhe levar as cinzas.

A mulher queimou a caixa mas a criancinha ficou ilesa.

Aterrorizada correu para a casa do feiticeiro para contar-lhe o sucedido.

O feiticeiro ouvindo as palavras da mulher começou a tremer, receando uma vingança do céu.

Decidiram chamar o bispo que então levou o menino miraculoso, em procissão, da casa da mulher à catedral.

Colocaram o menino maravilhoso sobre o altar da capela de S. Valério.

No dia seguinte, enquanto o bispo celebrava a santa missa viram que depois de pronunciadas as palavras da consagração, no lugar do menino apareceu, de fato, uma hóstia.

1429 Alkmaar, Holanda

Depois da consagração, o padre derramou sem querer o vinho consagrado, que imediatamente se transformou em sangue e manchou sua roupa.

De forma alguma ele conseguia remover as marcas de sangue de sua roupa.

1430 Dijon, França

Uma senhora adquiriu um relicário, que, sem ela saber, ainda continha uma hóstia consagrada.

Ela resolve remover a hóstia com uma faca, mas esta imediatamente começou a derramar sangue vivo, que secou em seguida, e deixou impressa a imagem de Cristo sentado sobre um trono semicircular.

1447 Ettiswil, Suiça

Um membro de uma seita satânica roubou uma hóstia consagrada, que pouco depois foi encontrada no meio do mato.

A hóstia flutuava no ar envolvida por uma luz e dividida em seis pedaços unidos entre si.

1453 Turin, Itália

Alguns soldados entraram na igreja e roubaram o relicário com a hóstia consagrada. Colocaram o objeto do furto num saco e penduraram no dorso de um jumento.

Um certo momento o jumento tropeçou e caiu. O saco se abriu e o relicário com a hóstia consagrada se elevou acima das casas, para o espanto da multidão.

O bispo que tinha nas mãos um cálice, elevou-o e lentamente a hóstia consagrada começou a descer, pousando dentro do cálice.

1472 Volterra, Itália

Um soldado entrou na Catedral e roubou uma custódia de marfim contendo numerosas hóstias consagradas.

Depois que saiu da igreja, lançou a custódia contra uma parede.

Da custódia saíram todas as hóstias e, iluminadas, se elevaram e permaneceram suspensas no ar.

1533 Ponferrada, Espanha

Um homem decidiu roubar um relicário de prata, com várias hóstias consagradas.

Chegando em casa ele esconde tudo sem dizer nada à sua esposa.

Durante a noite vários clarões provenientes do relicário despertaram as suspeitas da esposa e assim o homem decide se desfazer do objeto furtado.

Em um campo ele jogou as hóstias consagradas.

Testemunhas oculares disseram que enquanto as hóstias estavam perdidas no campo, de noite se viam clarões de luz, enquanto que de dia, se notavam pombas que pousavam em cima.

Uma pessoa embrenhando-se no campo descobriu as hóstias das quais provinham os raios de luz.

1535 Asti, Itália

No dia 25 de julho de 1535 no momento da fração do pão, das extremidades da hóstia saiu sangue vivo.

Três gotas caíram dentro do cálice e uma permaneceu na borda da hóstia.

1568 Alcoy, Espanha

Um morador roubou muitos objetos sacros incluindo um cofrezinho contendo três hóstias consagradas.

Ele comeu as três hóstias e escondeu o cofrezinho no seu estábulo.

Ao lado de sua casa vivia uma viúva que possuía uma estátua do menino Jesus.

A mulher, perturbada pela roubo, começou a orar à estátua de Jesus, pedindo que fizesse qie as hóstias consagradas fossem encontradas.

Depois de um certo tempo em que ela estava orando, ela viu mover-se a mãozinha da estátua apontando o dedo para a casa do seu vizinho.

Nesse mesmo momento, o pároco, movido por uma força misteriosa foi até o estábulo do ladrão e encontrou o cofrezinho com as três hóstias dentro.

O ladrão não conseguia compreender como era possível que as três hóstias, que ele tinha comido, pudessem estar de novo presentes no interior do cofrezinho.

Arrependeu-se e confessou o delito.

1570 Veroli, Itália

Durante a Páscoa, na Igreja de Santo Erasmo, o Santíssimo Sacramento foi exposto por quarenta horas para adoração pública.

O Menino Jesus apareceu na hóstia exposta e dispensou numerosas graças.

Uma testemunha relatou: *"Quando olhei o Cálice, vi uma estrela esplêndida e em cima dela estava o Santíssimo Sacramento, era do mesmo tamanho da Hóstia que o Sacerdote costuma usar na Missa; a estrela estava unida ao Santíssimo Sacramento(...). A visão maravilhosa completou-se quando, ao redor da Hóstia consagrada, vi crianças em adoração, semelhantes a pequenos anjos...".*

1572 Gorcum, Holanda

Mercenários protestantes entraram na igreja católica de Gorcum e a saquearam.

Um dos mercenários pisou em uma hóstia consagrada com uma bota de pregos, que a perfurou em três pontos. Destes orifícios começou a jorrar sangue vivo e se formaram três pequenas feridas.

1595 Florença, Itália

Na Sexta-feira Santa de 1595, uma vela acesa no altar de uma capela lateral chamada o Sepulcro, caiu no chão e começou um incêndio. As pessoas correram para apagar o fogo. Durante a correria seis fragmentos de hóstias consagradas caíram no tapete fumegante, mas apesar do fogo eles foram encontrados intactos.

1597 Alcalà, Espanha

Um ladrão roubou algumas hóstias consagradas e objetos valiosos.

O ladrão se arrependeu e foi se confessar.

O padre pediu as hóstias, mas com medo que estivessem envenenadas, as guardou dentro de uma urna, esperando sua natural decomposição..

Depois de 11 anos as hóstias ainda estavam intactas.

1649 Eten, Peru

Em 2 de junho, apareceu na hóstia consagrada o vulto de um menino com espessos caracóis castanhos que desciam pelos ombros. Todos os fiéis presentes na igreja também viram.

A segunda aparição verificou-se poucos dias depois, durante a exposição do Santíssimo Sacramento, quando o Divino Menino Jesus, apareceu novamente na hóstia, vestido com uma túnica de cor violeta.

Esta aparição durou cerca de 15 minutos, e foi testemunhada por muitas pessoas que viram também na hóstia, três pequenos corações brancos unidos entre si.

1668 Les Ulmes, França

Em 2 de junho, no sábado da oitava de Corpus Christi, na igreja de Les Ulmes, durante a exposição ao público do Santíssimo Sacramento, o pároco começou a incensar o relicário, enquanto se cantava o hino 'Pange lingua', e, junto à estrofe 'Verbun caro Panem verum', aparece no relicário, no lugar da hóstia, a silhueta de um homem, com os cabelos castanho claros caídos sobre os ombros, o rosto luminoso, as mãos cruzadas uma sobre a outra, o corpo coberto por uma túnica branca.

1730 Siena, Itália

Em 14 de agosto ladrões entraram na Igreja de S. Francisco e roubaram o cálice com 351 hóstias consagradas.

No dia 17 de agosto, na caixa de esmolas do Santuário de Santa Maria em Provenzano, foram encontradas as 351 hóstias intactas.

O passar dos anos não causou alteração nas hóstias: estão frescas, intactas, física e quimicamente puras, sem qualquer indício de corrosão.

Um fenômeno que inverte as leis naturais da conservação da matéria orgânica.

Em 14 de setembro de 1980, o Papa João Paulo II, durante a visita pastoral à cidade de Siena, quando ficou diante da hóstia prodigiosa exclamou: 'É a Presença!'.

1822 Bordeaux, França

Na Igreja de Santa Eulália, logo depois que o Abade Delort distribuiu a bênção com o Santíssimo Sacramento, Jesus aparece na hóstia.

Os fiéis contemplaram por mais de vinte minutos a aparição de Jesus, abençoando, impresso na hóstia.

1857 Regensburg, Alemanha

Em 1255 um padre escorregou numa pequena ponte de madeira e deixou cair hóstias consagradas no rio. Como reparação os fiéis decidiram construir uma capela no local.

Em 1855 a capela foi consagrada ao Santíssimo Sacramento.

Em 1857 um padre estava celebrando a missa na pequena capela, quando, pouco antes de elevar o cálice, ficou cheio de de dúvidas sobre a verdadeira presença de Cristo na hóstia consagrada. Como estava protelando a elevação do cálice, ficou surpreso ao ver que do crucifixo de madeira que estava próximo o Senhor estende os braços para o padre, toma das suas mãos o cálice, e expõe à adoração dos fiéis. O padre então se ajoelhou e pediu perdão por ter duvidado.

1902 Morne-Rouge, Martinica, França

Em 8 de maio, na festa da Ascensão, o vulcão Pelée começou a expelir lava.

A população foi à igreja paroquial implorar a Nossa Senhora para poupar a aldeia.

O pároco concedeu a absolvição geral e deu a santa comunhão e expôs o Santíssimo Sacramento à adoração pública.

De repente uma mulher começou a gritar: 'O Sagrado Coração de Jesus está dentro da hóstia!'.

Muitas pessoas testemunharam a aparição de Jesus na hóstia com seu sagrado coração coroado de espinhos.

Esta visão durou muitas horas, e só cessou quando o sacrário foi reposto no tabernáculo.

1902 Saint-André de la Réunion, França

Em 26 de janeiro, durante a festa de adoração perpétua, o Santíssimo Sacramento estava exposto no tabernáculo.

O padre começou a missa e quando elevou os olhos até a hóstia ele viu uma aureola luminosa.

No momento da comunhão, ele olhou novamente para a hóstia, mas desta vez ele viu na hóstia um rosto humano, triste com os olhos voltados para baixo e uma coroa de espinhos à frente.

Ao fim da missa o padre pediu para algumas crianças do coro irem olhar a hóstia e elas voltaram correndo dizendo que tinham visto a cabeça de um homem na hóstia.

Muitas pessoas foram ver a hóstia e surpreendentemente o rosto na hóstia se animou e a coroa desapareceu.

1991 Cùa, Venezuela

No dia 8 de dezembro, durante uma missa na capela de Betania, o padre dividiu a hóstia consagrada em quatro partes e comeu uma destas partes. Depois disso, quando ele olhou para a patena ele viu que uma das partes tinha um ponto vermelho do qual começava a sair uma substância vermelha, da mesma forma que sangue escorre de uma ferida.

No dia seguinte o padre observou que algum sangue continuava a fluir e depois secava.

1992 Buenos Aires, Argentina

Após a missa de primeiro de maio, um ministro da eucaristia encontrou alguns pedaços da hóstia consagrada no corporal. O padre colocou estes pedaços em um vaso de água esperando que eles se dissolvessem.

No dia 8 de maio o padre viu que os fragmentos estavam vermelhos como sangue.

No dia 10 de maio, durante duas missas noturnas, varios pingos de sangue foram vistos nas patenas usadas ao distribuir a comunhão.

1994 Buenos Aires, Argentina

Em 24 de julho, durante a missa para as crianças, quando o ministro da eucaristia foi pegar as hóstias no tabernáculo ele viu uma gota de sangue escorrendo.

1996 Buenos Aires, Argentina

Em 15 de agosto Vide 1996 o Padre Alejandro Pezet celebrava a Santa Missa em Buenos Aires. Uma mulher o informou que tinha encontrado uma hóstia descartada em um candelabro. O padre colocou-a em uma tigela com água, esperando que se dissolvesse na água.

No dia 26 de agosto, viu que a Hóstia havia se tornado uma substância sangrenta.

A hóstia foi fotografada. Ela tinha se tornado um pedaço de Carne sangrenta.

A hóstia permaneceu sem sofrer decomposição visível ao longo de anos.

Uma amostra do tecido foi enviado para um laboratório em Buenos Aires que encontrou células vermelhas e brancas do sangue e do tecido de um coração humano. A amostra apresentava características de material humano ainda vivo, com as células pulsantes como se estivessem em um coração.

Em 1999 uma amostra foi enviada para um laboratório em Nova York. O laboratório relatou que a amostra foi recebida do tecido do músculo do coração de um ser humano ainda vivo.

Em 2004 o cardiologista Dr. Zugibe relatou que a matéria analisada era constituída de "carne e sangue" humanos. O médico declarou o seguinte:

"O material analisado é um fragmento do músculo cardíaco que se encontra na parede do ventrículo esquerdo, músculo é responsável pela contração do coração. O ventrículo cardíaco esquerdo bombeia sangue para todas as partes do corpo. O músculo cardíaco tinha uma condição inflamatória e um grande número de células brancas do sangue, o que indica que o coração estava vivo no momento da colheita da amostra, já que as células brancas do sangue morrem fora de um organismo vivo. Além do mais, essas células brancas do sangue haviam penetrado no tecido, o que indica ainda que o coração estava sob estresse severo, como se o proprietário tivesse sido espancado."

2008 Sokólka, Polonia

No dia 12 de outubro, durante a distribuição da comunhão na missa na igreja paroquial de Santo Antônio, uma hóstia consagrada caiu aos pés de um sacerdote.

O sacerdote pegou a hóstia e colocou em um pequeno recipiente com água, para que se dissolvesse.

Depois da missa colocaram o recipiente com a hóstia em um cofre.

No dia 19 de outubro ao abrir o cofre viram que no recipiente a água estava incolor e limpa e a hóstia estava se dissolvendo mas no meio dela havia uma mancha de cor vermelha, lembrando um coágulo de sangue.

2013 Legnica, Polonia

No dia 25 de dezembro, na igreja de São Jacinto, no momento da distribuição da comunhão, uma hóstia consagrada caiu no chão e foi imediatamente colocada em um recipiente com água para que se dissolvesse.

No dia 4 de janeiro viram que a hóstia não tinha se dissolvido e que tinha surgido uma mancha vermelha que cobria um quinto da sua superfície.

Uma análise histopatológica indicou que alguns fragmentos pareciam pertencer a tecido do coração.

Referências bíblicas

<u>Do Evangelho de João:</u>

Cristo exortou a buscar, não o pão que perece, mas o pão da vida eterna que será dado pelo Divino Filho encarnado.[16]

Ele disse que o pão que será dado pelo Divino Filho encarnado é sua própria carne. [17]

Cristo é o pão da vida eterna. [18] [19]

Cristo é o pão que desceu do céu.[20] [21]

Que quem comer deste pão viverá para sempre.[22]

Alertou que se não comerem a carne do Divino Filho encarnado, e se não beberem seu sangue, então não terão a vida eterna em sua plenitude.[23]

Disse que as pessoas que comerem e beberem destes alimentos Ele as fará ressurgir dos mortos em seu último dia.[24]

---

[16] João 6,27
[17] João 6,51
[18] João 6,35
[19] João 6,48
[20] João 6,41
[21] João 6,51
[22] João 6,51
[23] João 6,53
[24] João 6,54

Prometeu dar seu corpo e sangue para nos alimentar, e essa promessa é cumprida durante a comunhão da hóstia consagrada. [25]

Cristo disse que a pessoa que come a carne do Divino Filho encarnado e bebe seu sangue então a pessoa fica em Cristo e Cristo fica na pessoa.[26] E a pessoa que come a carne do Divino Filho encarnado então viverá por Ele. [27] Quem come deste pão viverá eternamente. [28]

Ao falar sobre comer este pão, Cristo falava em comer no sentido material e não apenas comer no sentido espiritual pela fé. Devido a esta afirmação alguns discípulos o abandonaram e Ele perguntou se mais alguém o abandonaria por não aceitar este entendimento. [29]

<u>Dos Evangelhos de Mateus, Marcos e Lucas:</u>

Durante a última ceia, Cristo tomou o pão e disse: "Tomai e comei; <u>isto é o meu corpo</u>." [30]

Depois, tomou o cálice com vinho e disse: "Bebei todos dele, porque <u>isto é o meu sangue</u>..." [31]

---

[25] João 6,55
[26] João 6,56
[27] João 6,57
[28] João 6, 58
[29] João 6,66-67
[30] Mateus 26, 26 ; Marcos 14, 22 ; Lucas 22, 19
[31] Mateus 26, 27-28 ; Marcos 14, 23-24 ; Lucas 22, 20

Nestas duas passagens, Cristo afirma que dá aos apóstolos, literalmente como está nas Escrituras, o seu corpo e o seu sangue, e não uma figura representativa de seu corpo e sangue.

Cristo não disse aqui está o meu corpo, nem isto é símbolo do meu corpo, mas disse isto é o meu corpo, ou seja, este pão já não é pão mas o meu corpo.

Das cartas do apóstolo Paulo:

O apóstolo Paulo nos conta que Cristo , na noite em que foi traído, pegou o pão e, depois de agradecer, o partiu e disse: Este é o meu corpo, que é para vocês. Façam isto como um memorial para mim; da mesma forma, pegou o cálice, após a refeição, dizendo: Este cálice é a nova aliança realizada pelo meu sangue: façam isto, todas as vezes que o beberem, como um memorial para mim. Porque, todas as vezes que vocês comerem este pão e beberem do cálice, anunciam a morte do Senhor até ele vir. [32]

O apóstolo Paulo explica o que é o pão eucarístico ao perguntar:

---

[32] 1 Coríntios 11, 23-26

O cálice de benção que abençoamos, não é comunhão com o sangue de Cristo? O pão que partimos, não é comunhão com o corpo de Cristo? [33]

As perguntas são feitas em um tom que pressupõe uma convicção íntima de que o corpo e o sangue de Cristo são realmente recebidos pelos que tem fé.

O apóstolo ainda afirma: A pessoa que come e bebe sem reconhecer o corpo de Cristo, come e bebe a própria condenação! [34]

Por isso, quando quem entrega a hóstia consagrada diz Corpo de Cristo, o fiel, ao recebe-la, deve dizer: Amém, para confirmar que acredita que está recebendo o Corpo do Divino Filho encarnado e não um mero pão terrestre.

---

[33] 1 Coríntios 10, 16
[34] 1 Coríntios 11, 29

Testemunhas da fé cristã na presença de Cristo na hóstia consagrada.

Conforme nos ensina o reverendo Henry Rutter em seu livro The Doctrine of the Catholic Church respecting the Blessed Eucharist, publicado em Liverpool no ano de 1829:

Se houvesse qualquer ambiguidade nas palavras de Cristo: 'Este é meu corpo, este é meu sangue', nada melhor que consultar os primeiros padres da igreja. Como eles viveram próximo à época dos primeiros tempos da Cristandade, e eram homens reconhecidos pelo seu conhecimento e por sua devoção, então são mais competentes que os modernos para julgar este assunto. Eles deviam conhecer perfeitamente bem sobre qual era a doutrina da igreja naquela época, e assim são as pessoas mais apropriadas para confirmar que as expressões de Cristo: 'Minha carne é verdadeiramente comida, meu sangue é verdadeiramente bebida', tem o significado que a igreja Catolica atribui a elas.

Um mistério, muito acima da compreensão humana.

São Justino Mártir, em sua 'Apologia ao Imperador', afirma que a eucaristia não é pão comum ou bebida comum, mas a carne e o sangue de Cristo encarnado.

Santo Irineu em seu 5º Livro contra Heresias, prova que nossos corpos ressurgirão da morte, porque eles foram nutridos com o corpo e sangue de nosso Senhor.

Origenes em sua 7ª Homilia sobre o Livro dos Numeros, onde ele compara a velha aliança com a nova, observa que "nos primeiros tempos o batismo era veladamente representado na nuvem e no mar; mas agora a regeneração é em espécie , na água, e no Espírito Santo. Antes a comida era o maná, mas agora, em espécie, a carne do Divino Filho é a comida verdadeira, como Cristo mesmo disse: 'Minha carne é refeição de fato, e meu sangue é bebida de fato.'

São Cipriano dizia na eucaristia: 'nós tocamos o corpo de Cristo, e bebemos seu sangue'.

São Cirilo de Jerusalém, em suas Instruções dizia aos recém batizados: 'Cristo, em Caná da Galileia, transformou agua em vinho por seu proprio poder; então ele não merece credito quando ele transforma vinho em sangue? Portanto, com toda a certeza e convicção, recebamos o corpo e o sangue de Cristo; pois sob a forma de pão seu corpo é dado a você, e sob a forma de vinho seu sangue é dado a você, para que você tendo participado do corpo e sangue de Cristo, possa se tornar da mesma substância com ele' – 4ª Catequese.

Desde o início a igreja cristã fez uma solene e publica profissão de fé na verdade de ser a hóstia consagrada o Corpo de Cristo. O padre, ao entregar a hóstia à pessoa que está comungado, diz estas palavras: Corpo de Cristo, e quem recebe a hósita responde: Amém, que significa concordância.

Santo Cirilo da Alexandria escreveu que Cristo entra em nossos corpos por sua própria carne.

São Crisóstomo repetia que nós temos, e vemos, e tocamos, e recebemos, o próprio corpo de Cristo.

A palavra de Deus é a autoridade na qual devemos nos basear e não em nossos sentidos.

Recomendo a leitura do artigo http://apologetica.org/sitio/sitio/index.php/la-eucaristia/475-la-presencia-real-de-cristo-en-la-eucaristia

ou a consulta direta em algumas obras fundamentais de testemunhas da fé cristã na presença de Cristo na hóstia consagrada:

Afraates : Demonstração 3,2. Demonstração 12,6.

Agostinho de Hipona : Carta 98,9. Comentário ao Salmo 33,1º,10 e 98,9. Sermão 59,3,6 e 131 e 217 e 227 e 235,2,3 e 272 e 329,1. Sermo Denis 3,2-3 e 6,1 e 6,3. Sermo Guelferbytanus 9,4. Tratado sobre o Evangelho de João 26,15 e 26,18 e 27,11.

Ambrósio de Milão : Da Fé 4,10,124. Dos Sacramentos 4,4,14-20. Dos Sacramentos 4,5,21-23. Exposição ao Salmo 118,15,28. Dos Mistérios 1,7. Dos Mistérios 9,50-54. Dos Mistérios 9,58.

Ambrosiaster : Sobre 1Coríntios 2. Sobre 1Coríntios 11,26,1.

Anastácio Sinaíta : Viae Dux 23; PG 89,297.

André de Creta : Triodion in Sancta et Magna Feria 4, Ode 8. Homilia in Ramos Palmarum; PG 97,993-996.

Atanásio : Cartal Festal 4,3-4. Sermão aos Batizandos. Carta a Máximo 2.

Balai : Poema na Dedicação da Igreja de Qennesrin; BKV 6,65.

Basílio : Carta 93. Regra Moral 21,1-2; Regra Breve, Tratado 172.

Beato e Etério : Epístola a Elipando 1,67-68.

Beda << o venerável>> : Homilia 1,6: No Natal do Senhor; PL 94 337.

Bráulio : Carta 42; "Estudios Onienses", vol. 1, p. 183).

Cesário de Arles : Sermão 78,2 e 187,1.

Cipriano de Cartago : Da Oração do Senhor 18. Dos Lapsos 16. Epístola 57,2. Epístola 58,1. Epístola 63,2.

Cirilo de Alexandria : Comentário do Evangelho de João 4,2,56. Comentário do Evangelho de Mateus 26,27. Explicação do Evangelho de Lucas 22,19.

Cirilo de Jerusalém : Catequese Mistagógica 4,1-3. Catequese Mistagógica 4,6. Catequese Mistagógica 4,9. Catequese Mistagógica 5,7. Catequese Mistagógica 5,20.

Cirilonas : Homilia sobre a Páscoa 1.

Clemente de Alexandria : Quis Dives Salvetur 23.

Cromácio de Aquileia : Sermão 17-A,2. Sermão 32,3.

Dâmaso : Epigrammata Damasiana,15, PL 13,392.

Dídimo <<o cego>> : Sobre Zacarias 2,121.

Dionísio de Alexandria : Carta ao Papa Sisto II; cf.

Eusébio de Cesareia, História Eclesiástica 7,9,4.

Efrém : Da Epifania 8,23. Da Virgindade 35,12. Da Virgindade 37,2. Sermão 1.

Eulógio de Alexandria : Homilia dos Evangelhos 14,1.

Eusébio de Cesareia : Da Solenidade Pascal 7.

Eusébio Galicano : Homilia 17, Da Páscoa 6,1, Da Páscoa 6,2-3 e 8.

Eutíquio de Constantinopla : Sermão da Páscoa e da Santa Eucaristia 2.

Firmiliano de Cesareia : Epistolário de São Cipriano, Epístola 75,21.

Fulgêncio de Ruspe : Ad Monimum 2,11,1.

Gaudêncio : Tratado 2.

Gregório de Elvira : Tractatus de Ephitalamio 3,24. Tractatus De Libris Sacrarum Scripturarum 17,26.

Gregório de Nanzianzo : Discurso 45, na Santa Páscoa 19. Carta 171, a Anfilóquio 3.

Gregório de Nissa : Discurso 1, na Santa Páscoa. Discurso Catequético 37. In Diem Luminum.

Gregório Magno : Moralia 22,13,26.

Hilário de Poitiers : Da Trindade 8,13-14. Da Trindade 8,17.

Inácio de Antioquia : Cartas aos Esminenses 7,1 ; Carta aos Filadelfos 4.

Ireneu de Lião : Contra as Heresias 4,17,5. Contra as Heresias 4,18,4-5. Contra as Heresias 5,2,2-3.

Isaac de Antioquia : Poema sobre a Fé; BKV 6,139-140.

Isidoro de Sevilha : Da Fé Católica contra os Judeus 2,27,2-3. Do Ofício Eclesiástico 1,18,3.

Jacó de Sarug : Homilia Métrica 53, Sobre a Crucificação; ST 233,397. Homilia Métrica 95, Sobre a Recepção dos Santos Mistérios; ST 233,412 e 418.

Jerônimo : Carta 120. Comentário de Mateus 4,26,26-27. Tratado sobre o Livro dos Salmos 145,7; 147,14.

João Crisóstomo : Carta a Cesário. Catecheses Ad Illuminandos Octo, Homilia 3,12. Catecheses Ad

Illuminandos Octo, Homilia 3,15. Exposição ao Salmo 144,1. De Statuis, Homilia 2,9. Prod. Jud. 1,6. Sobre Efésios, Homilia 3,3. Sobre 1Coríntios, Homilia 24,1. Sobre 1Coríntios, Homilia 24,5. Sobre Mateus, Homilia 25,4. Sobre João, Homilia 46,3. Sobre Mateus, Homilia 82,4.

João Damasceno : Da Fé Ortodoxa 4,13, Exposição de Fé 86. Da Fé Ortodoxa PG 94,1144-1153.

João Mandakuni : Carta sobre a Penitência 13; BKV 58,67. Sermão sobre o Caráter dos Iracundos 9; BKV 58,155. Sermão sobre a Devoção e o Respeito ao se Receber o Santo Sacramento 5; BKV 58,226.

Justino Mártir : 1ª Apologia 66.

Juvenco : Evangeliorium 4,4,447-453.

Leão Magno : Carta 59 aos Constantinopolitanos 2. Tratado 91,3.

Leôncio de Jerusalém : Contra os Nestorianos 7.

Macário Magnes : Apocrítico 3,23.

Martinho Lutero : "Que as palavras de Cristo 'Isto é Meu corpo' permanecem firmes contra os Fanáticos" WA 23,64-320. Confissão da Ceia de Cristo" WA 26,261-509. Artigos de Smalcada, WA 50,242. Catecismo Maior 14,5. Sermão sobre a Recepção do Santíssimo Sacramento; "The Sermons of Martin Luther", Grand Rapids, MI, II, 223-237.

Marutas de Maipherkat : Fragmento; em J.S. Assemani, Bibliotheca Orientalis 1, pp. 179-180.

Nilo de Ancira : Carta 3,39.

Optato de Milevi : Contra Parmenianum donatistam 6,1-2.

Orígenes : Sobre Números, Homilia 7,2. Sobre Êxodo, Homilia 13,3. Sobre Números, Homilia 16,9. Sobre Jeremias, Homilia 19,13.

Pedro Crisólogo : Sermão 5,6. Sermão 67,7.

Proclo de Constantinopla : Homilia 33: In novam dominicam et in infidelitatem Thomae 14,52-55.

Procópio de Gaza : Comentário sobre Êxodo 12,8.

Rábula de Edessa : Cânones; PG 77,1475. Carta a Guemelino.

Remígio de Reims : Versos do Cálice; 125,1135.

Romano << o melodista>> : Kontákion 18, Das Bodas de Caná 20. Kontákio 24, Da Multiplicação dos Pães 1-2: o Pão que tomamos é a carne do Emanuel.

Severiano de Gábala : In Ascensionem 11.

Sirício : Epístola a Himério 3,4.

Sofrônio de Jerusalém : Anacreônticas 8,87-94.99-100.

Teodoreto de Ciro : Carta 131. Eranistes 2. Interpretação de 1Coríntios 10,16-17.

Teodoro de Mopsuéstia : Homilias Catequéticas 15,10. Homilias Catequéticas 16,25-26.

Teodoro Studita : Antirrheticus Adversus Iconomachos 1,10; PG 99,340.

Teófilo de Alexandria : Carta Festal 16,11.

Tertuliano : Contra Marcião 1,14,3. Contra Marcião 3,19,3-4. Contra Marcião 4,40,3-6. Contra Marcião 5,8,3. Da Oração 6,2. Da Ressurreição dos Mortos 8,3. De Pudicitia 9,16.

Venâncio Fortunato : Exposição sobre a Oração do Senhor 54-55.

Verecundo de Junca : Commentarii Super Carmina Ecclesiastica 2,14 e 18.

Sobre o autor

Décio Martins de Medeiros: Engenheiro de Eletrônica formado pelo ITA em 1975. Executivo da HP/Agilent de 1977 a 2009. Foi consultor de gestão empresarial de 2009 a 2020. Publicou livros de poesias, teologia, gestão, genealogia e memórias pelo Agbook, Amazon e Bibliomundi. Participa do blog Prazer Compartilhar e do Clube de Autores.